Chiara Ricciotti

Die Geschichten in euren Augen

story.one – Life is a story

story.one

1st edition 2024

Production, design and conception:
story.one publishing - www.story.one
A brand of Storylution GmbH

Font set from Minion Pro, Lato and Merriweather.

ISBN: 978-3-7115-2978-7

Ich danke einer Fähigkeit
Menschen zu lesen wie ein
offenes Buch.

INHALT

Geschichten aus den Augen	9
Der unglückliche Junkie	13
Der gefangene Leopard	17
Der betrunkene Soldat	21
Das depressive Ehepaar	25
Die Künstlerin neben mir	29
Der einsame Schwabe	33
Das gebrochene Herz	37
Der junge Kollege	41
Die geheimnisvolle Frau	45
Die verlorene Studentin	49
Der junge Mann	53

Und genau das habe ich getan,
mit nichts weiter als einer
kleinen Geschichte.

Geschichten aus den Augen

Ich hatte schon immer einen speziellen Blick auf Menschen. Das mag an meinem Aszendenten Skorpion liegen, oder daran, dass Menschen ihre Geheimnisse direkt hinter ihren Augen verstecken.

Da ist eine Geschichte in den Augen eines jeden Menschen und ich bin so durstig danach sie zu kennen. Während andere zum Bäcker gehen, eine Brezel kaufen und wieder gehen, gehe ich zum Bäcker und sehe 3 traurige, 4 hoffnungslose, 2 glückliche Menschen und vergesse die Brezel, frage mich die ganze Zeit was ihnen die Hoffnung genommen hat. Die meisten Menschen haben Scham in den Augen. Dieser Scham rührt daher, dass sie sich dafür schämen, wer sie sind. Sie sprechen ihre Gedanken nicht aus und glauben an Lügen. Bin ich dann ehrlich zu ihnen, erschreckt sie das. Dann gibt es die Einen, die sich von mir inspirieren lassen und dann gibt es die Anderen (die viel häufigeren) die mich für meine Ehrlichkeit verurteilen und mich für verrückt erklären. So verbringe ich mein ganzes Leben damit, mich zu wiederholen, mich zu erklären, mich zu rechtfertigen und mich zu streiten. Doch ich rede nicht mit dir, ich lese dich.

Die Scham lässt die meisten Menschen in ein Leben eintreten, indem sie dem Hamsterrad der Langeweile folgen. Sie treten in die Fußstapfen ihrer Eltern, anstatt Generationstraumata aufzulösen. Warum? Weil sie Angst haben vor Gefühlen. Das würde mich schrecklich langweilen, wenn ich nicht so süchtig nach ihrer Geschichte wäre. Ich muss einfach wissen, was diesen Menschen zu diesem Menschen gemacht hat. Was ist passiert, was ist deine Geschichte? Wie ein Puzzle setze ich sie zusammen. Bin erst glücklich, wenn ich das Puzzle beendet habe und auf ein wunderschönes Bild blicke. Irgendwann begann ich die Geschichten in ihren Augen aufzuschreiben und Ihnen in die Hände zu drücken. Für 2 Euro 50. Es ist eine Schande wie viele Menschen täglich ihr Leben verschwenden an Langeweile und Eintönigkeit. Dabei haben wir Menschen so viele Talente. Doch wir lassen uns in Gefängnisse setzten aus Geld und falschen Gesetzen. Gehen jeden Tag um acht zur Arbeit, dabei schlafen wir gerne aus, fragen uns nie warum wir müde sind und schämen uns dafür, dass wir gerne tanzen.

Dabei ist es doch so leicht, das Geheimnis des Lebens fragst du? Das Geheimnis ist, dass du frei bist. Du warst schon immer frei und du wirst es auch immer sein. Selbst wenn du dich nicht so fühlst, selbst wenn nichts um dich herum danach aussieht, du bist frei. Es ist jemand anders der dich anlügt und will, dass du dich im Gefängnis fühlst. Doch eigentlich, steht es dir völlig offen zu jedem Zeitpunkt zu tun und zu lassen, was du willst. Du setzt dich in Gedankenmuster, die dir die Freiheit nehmen und suchst nach Schuldigern für dein Gefängnis. Wegen der Ausländer bin ich nicht frei! Quatsch, es gibt gar keine Ausländer, die Welt ist ein Land. Wegen der Frauen sind wir nicht frei! Quatsch, Männer und Frauen sind genau die gleichen Wesen und Adam wollte auch einen Apfel essen. Wir wollten aus dem Paradies raus, wir wollten Sex haben.

Lass mich dir von 11 Menschen erzählen, die dachten, sie wären nicht frei, doch man musste ihnen nur ihre Augen öffnen. Und genau das habe ich getan, mit nichts weiter als einer kleinen Geschichte.

Ich wünsche mir, er hat das ganz große Glück gefunden und ganz viel Liebe.

Der unglückliche Junkie

Er muss ein reicher Kunststudent sein, dachte ich mir als der Mann an meinen Stand kam. Seine Augen waren hellblau, die Haare zerzaust. Nervös, tänzelte er hin und her. Einsam, da ist so viel Einsamkeit in seinen Augen. Ich schaute genau hin. Er verhielt sich so, als ob er nicht hier sein dürfte, als ob ich ihn gleich verscheuchen würde. Ich lächelte ihn an, das irritierte ihn, er blickte nervös auf meine Kunst. "Ich schreibe auch Geschichten aus den Augen, das kostet 2 Euro 50", sagte ich. "2,50?", wiederholte er. Ich nickte. Der Mann kramte einen Ledergeldbeutel raus. Ich bot ihm einen Stuhl an, ich war sehr aufgeregt das war mein erster Kunde. Ich schaute tief in seine Augen, die Welt verschwand.

Schmerz, Verlust, Alleinsein. Ihm fehlt Glück. Er hat es gut gemeint, doch ist zu oft auf den falschen Weg geraten. Ein Bild von einem Jungen, der ungebremst eine Rutsche herabrutscht. Niemand der ihn fängt, niemand der bei ihm ist. Da liegt er nun am Fuße der Rutsche auf dem Rücken und ruft nach Hilfe, doch da kommt niemand. Da Menschen um ihn herum, die ihm helfen könnten, doch sie ignorieren ihn. Der Junge dreht sich um und krabbelt los, sucht Glück an den falschen Stellen. Findet eine Möglichkeit die Realität auszublenden. Die harte Realität, dass sich niemand für ihn interessiert, kann er nicht akzeptieren. Wie ein Junkie jagt er durch den Dschungel nach jedem kleinsten Funken an Aufmerksamkeit. Seit Jahren keine netten Worte mehr erfahren, wohin auch immer er sich dreht, er wird weggeschickt. Niemand der ihn liebt, niemand der ihm viel Glück wünscht, fühlt sich wie ein Insekt, nicht wie ein Mensch.

Mein Kuli klickte, ich schrieb: Ich glaube, du bist ein Mensch, der oft alleine gelassen wurde, dem man beibringen wollte, dass er nicht geliebt wird. Doch die Liebe beginnt bei dir selbst, schau in den Spiegel und sage dir, dass du dich liebst. Dann wird morgen, der glücklichste Tag in deinem Leben sein. Du hast alles, was du brauchst, du musst es dir nur nehmen. Sei nicht so streng mit dir, das Leben ist ein Tanz, kein Spiel. Ich glaube an dich.

Ich riss das Papier ab, faltete es dreimal. "Ich habe vier verschiedene Kekse, welcher darf es sein?" Er suchte sich die Salted Caramel Kekse aus, nahm die Geschichte und den Keks und gab mir 2,50. Ich hielt nochmal inne und schaute ihm in die Augen. "Diese Geschichte bringt dir Glück. Es ist eine Glückskeks-Geschichte." Seine Augen füllten sich mit Wasser, eine Träne tropfte auf meinen Stand. "Glück kann ich brauchen.", erwiderte er. "Danke." Dann lief er weiter, sichtlich entspannter, mit einem leichten Schwingen in seinen Schultern. Ich sah die Narbe an seiner Wade zu spät, groß und lang, dann fiel mir auch erst der starke Geruch auf, er ist ein Abhängiger, kein reicher Kunststudent. (Was soll eigentlich ein reicher Kunststudent sein?).

Zwei Wochen später sah ich ihn wieder. Er erspähte mich von der anderen Straßen Seite und lief hastig zu mir rüber. "Entschuldigung?", sagte er. "Ja?" Ich drehte mich um. "Danke, das war das erste Mal seit Jahren, dass ich mich wie ein Mensch gefühlt habe und das mit dem Glück hat gestimmt." Er verschwand genauso schnell wieder wie er kam. Ich wünsche mir, er hat das ganz große Glück gefunden und ganz viel Liebe.

Sie braucht das Abenteuer mehr als sie das denkt.

Der gefangene Leopard

"Was ist eine Geschichte aus den Augen?", fragte sie mich mehr provozierend als interessiert. "Das heißt ich schaue dich an und sage dir, was in deinen Augen steht." freundlich lächelte ich sie an, ließ mich nicht provozieren. Sie trug ein teures Kleid mit Leo Print im 60er Jahre Style. Es war sehr offensichtlich was ihr Problem ist. Internalisierter Frauenhass. Sie denkt, sie wird es nie weit schaffen, weil sie eine Frau ist, doch da ist mehr in ihren Augen. Wenn sie mir die Erlaubnis gibt, finde ich es heraus. "Na gut. Für 2 Euro 50, was soll da schon schiefgehen?" Sie setzte sich vor mich hin. Tief tauchte ich in ihre goldenen Augen, sie waren wunderschön.

Ein kleines Mädchen, das gerne rennt, gerne im Dreck spielt und sich gerne die Ellenbogen aufschlägt. Sie hat keine Angst, ihr Herz strotzt vor Mut. Liebt es, dass sie ein Mädchen ist. Sie ist leichter als die Jungs und sie kann höher klettern. Sitzt gerne auf Bäumen und schreit in den Wald. Doch plötzlich, darf sie das nicht mehr. Eine erwachsene Figur, die sie anschreit: "So benehmen sich Mädchen nicht! Du bist doch kein Junge! Benimm dich ordentlich, kämm deine Haare und mach den Dreck weg!" Verbote hageln auf sie ein. Mach das nicht, mach hier nicht, nein so darfst du nicht sein! Angst tiefe Angst, sie sitzt alleine im Brunnen. Doch plötzlich, ist sie erwachsen und die erwachsenen Figur gibt es nicht mehr oder braucht ihre Hilfe, da ist ein Konflikt, ein sehr aktueller Konflikt. Doch sie will ihn nicht haben. Denn um den Konflikt zu bearbeiten muss sie alleine sein. Doch davor hat sie Angst.

Mein Kuli klickte: Ich glaube du bist ein Mensch, der gerne ans Meer gehen würde. Doch du hast Angst zu verreisen. Willst nicht alles zurücklassen, die Verantwortung hält dich hier. Vergiss nicht, dass es dein Leben ist, vergiss nicht, dass du die Entscheidungen triffst. Du bist erwachsen, sie können dir nicht mehr weh tun. Du bist frei. Sei frei, bevor du dich verlierst.

Ich faltete das Papier dreimal. und blickte auf, ihre Augen wurden sanft. "Kannst du mir die Geschichte vorlesen?", fragte sie mich. "Natürlich, was für ein Keks darf es denn sein?" Sie wählte den Cantuccini und hörte mir gespannt zu. "Das ist ja, woher wusstest du das? Ich gehe in drei Wochen alleine nach Griechenland und habe total Angst. Ich hätte die Reise fast abgesagt!" antwortete sie mir. "Sag die Reise nicht ab, genieße sie mit vollen Zügen und habe keine Angst vor Gefühlen, sie sind alles, was du hast. Eine Zeit lang mit uns selbst alleine zu sein, ist das größte Geschenk, dass wir uns geben können." antwortete ich. Ungläubig zwinkerte sie mich an. Sie fragte sich, wie ein kleines Mädchen, wie ich so weise sein kann.

Doch ich bin kein kleines Mädchen. Ich bin ein sehr aufmerksamer Mensch, mit einer Gabe. Der Gabe die Menschen dafür zu sehen, wer sie wirklich sind.

Wir haben uns nie wieder gesehen, doch ich hoffe, sie hat die Reise gemacht. Ein kleiner Teil an mir hofft sogar, dass sie ihre Energie raubende Familie aus ihrem Leben gestrichen hat und sich auf Abenteuer begeben hat. Sie braucht das Abenteuer mehr als sie das denkt.

Ich bin mir sicher, es wäre eine dunklere Welt ohne ihn, wir brauchen ihn.

Der betrunkene Soldat

Mit einer Bierflasche in der linken Hand und 160 Euro Bargeld in der rechten taumelte er von Stand zu Stand. Kaufte am Stand neben mir ein Bild für 100 Euro und landete dann betrunkener Weise direkt vor meiner Nase. Er erzählte viel, ich lächelte und hörte aufmerksam zu. Ein Soldat aus den USA, hier stationiert. Trinkt gerne, seit gestern Abend wach, war die ganze Nacht tanzen. Als er von meinen Geschichten aus den Augen erfuhr, setzte er sich ungläubig vor mich hin. "Muss ich was tun?", fragte er mich auf Englisch. Ich schüttelte den Kopf und erwiderte: "Entspann dich einfach, lass mich in deine Energie rein."

Da ist etwas Zögerliches und Unsicheres. Ein kleiner Junge, mit vielen Geschwistern, geht oft unter, wird nicht beachtet, findet keinen Weg. Da ist auch niemand der ihm hilft. Der Junge ist in einem reißenden Fluss und kann nicht schwimmen. Erwartungen brechen auf ihn ein wie Wellen im Meer und dann ist da noch eine Ex Freundin. Oder Freundin? Etwas mit einer blonden, schlanken Frau. Sie war zuerst sein Rettungsboot. Doch da sind Zweifel. Er will sie, sie ihn nicht. Sie will ihn, er sie nicht. Sitzen im Boot und kämpfen um das Ruder, dabei gehen sie unter. Er muss lernen, dass er inzwischen schwimmen kann, glaubt nicht an sich. Betäubung ist seine Medizin. Wenn, er einschläft bekommen ihn die Bilder. Also schläft er nicht, hat Angst seine Vergangenheit könnte ihn einholen, will sich ihr nicht stellen. Will einschlafen, für immer, seine Augen nie wieder aufmachen. Es scheint aussichtslos.

Mein Kuli klickte: Ich glaube du bist ein Mensch der, sich inmitten von einem reißenden Fluss befindet, du kommst nicht mehr raus. Du musst schlafen, du brauchst Ruhe. Hab keine Angst vor den Bildern die kommen, sie sind Erinnerungen, Teil eines vergangenen Selbst. Wenn, uns das Leben einsperrt müssen wir kämpfen, um uns zu befreien. Betäube dich nicht, das bringt dich weiter rein, nimm die Gefühle so wie sie sind, dann kannst du dich befreien. Was auch immer dir deinen freien Willen nimmt, ist deine Zeit nicht wert. Und deine Ex: Du kannst schwimmen, du brauchst kein Boot.

Er las es direkt vor mir, er weinte beim Lesen. "Woher weißt du das alles?", fragte er mich, mit großen Augen auf mich gerichtet. "Ich sehe es in deinen Augen." Wir schüttelten die Hände. "Du bist stark genug, hab keine Angst.", erzählte ich ihm. Er gab mir 10 Euro für die Geschichte, kaufte noch ein Bild für 25 Euro und auch wenn er mich zweimal gefragt hat, wollte ich ihn nicht umarmen. Ich werde nicht gerne umarmt.

Wir sahen uns nie wieder, doch ich hoffe, er hat sich befreit. Manchmal, wenn ich mir einen Moment Zeit nehme, bete ich für ihn. Ich hoffe, er hat seine Augen noch nicht für immer verschlossen, ich hoffe, er entscheidet sich dazubleiben. Denn da war noch etwas in seinen Augen: etwas Kluges, etwas Witziges und Hoffnung. Manchmal wissen wir Menschen nicht wie wichtig wir auf dieser Erde sind, ich möchte, dass er bleibt. Ich bin mir sicher, es wäre eine dunklere Welt ohne ihn, wir brauchen ihn.

Ich hoffe ich habe ihnen geholfen, auch wenn ich ihnen keine Geschichte geschreiben habe.

Das depressive Ehepaar

Sie ist vom Stand weiter hinten und kam zu mir um sich meine Kunst anzuschauen. Sie flirtete ein wenig mit mir, doch ganz unschuldig. Es hatte sich schnell auf dem Markt herumgesprochen, dass ich gay bin. Ihr Ehemann ließ uns keine Minute aus den Augen. Wir redeten über meine Comics als mich ihr Blick traf.

Trauer, tiefe Trauer, ein Tal an Depressionen und Tränen. Es kommt immer und immer wieder, sie will rennen, doch sie steckt im Treibsand. "Hilfe!", brüllt sie in das Tal, doch die einzige Antwort ist ihr Echo. Oben am Rande des Tals stehen Menschen und amüsieren sich, warum ist sie so alleine? Am Ufer des Treibsands steht ein Mann. Panisch versucht er sie aus dem Treibsand zu befreien. Doch es ist, als ob sie ihn nicht registriert. Er wirft ihr Rettungsringe zu, verfehlt sie nur knapp. Springt von Ufer zu Ufer hin und her, erreicht sie einfach nicht, ist total frustriert und will aufgeben. Sie ist ganz alleine.

Wir kamen auf mein Bild zu sprechen, in dem ich meine Selbstmord-Gedanken verarbeitet habe. "Stay" steht auf dem Bild. Sie schien wie magisch angezogen davon. "Es sind kleine Dinge, die uns von Selbstmord abhalten können. Ich für meinen Teil drücke sie in meiner Kunst aus und wenn es ganz akut ist, schiebe ich es vor mich her." Sie hörte mir aufmerksam zu. "Wir können nicht immer kontrollieren, was unser Kopf zu uns sagt, doch wir können kontrollieren, was wir damit machen. In den meisten Fällen ist es die Lösung einfach zu bleiben." Wir lachten, denn es schien zu einfach um wahr zu sein. Aus dem Augenwinkel bemerkte ich wie ihr Ehemann immer wütender wurde. "Morgen ist ein neuer Tag und manchmal kommen Lösungen aus Ecken, aus denen wir sie nicht erwartet hätten." Wir redeten noch etwas über meine anderen Bilder, dann ging sie zu ihrem Stand zurück.

Keine fünf Minuten später kam ihr wütender Ehemann an meinen Stand. Mit aggressiver Gestik fragte er mich: "Was ist das hier, erklär es mir." Wir redeten als Erstes über die provozierenden Bilder, die ihn wahrscheinlich so wütend gemacht haben. Als Letztes kamen wir zu meinem Comic von dem Hasen und seiner depressiven Freundin. Ich erklärte: "Er hat den Mond zum Lächeln gebracht für sie und auch wenn, es in dem Moment so scheint als würde seine Freundin, das gar nicht registrieren, erwärmt es ihr Herz." Ich fuhr fort: "Als Angehörige von Menschen mit depressiven Erkrankungen fühlen wir uns machtlos, gar unsichtbar. Doch als Betroffene kann ich sagen, dass wir jeden kleinen Versuch der Aufmunterung bemerken und schätzen. Wir wollen nicht alleine sein. Stay, bleib einfach bei uns egal was passiert. Heilung ist ein Prozess, ein sehr kräftezehrender Prozess. Jemand der an unserer Seite steht, uns Blumen bringt, mit uns den Mond anschaut und uns zum Lachen bringt ist die beste Medizin. Es sind die kleinen Dinge die uns helfen. Du bist nicht machtlos, deine kleinen Taten sind Heldentaten." Im Laufe meines Monologes beruhigte er sich sichtlich, seine Wut verwandelte sich in Dankbarkeit. Er bedankte sich herzlich bei mir und ging zu seiner Frau zurück, gab ihr einen kräftigen Kuss auf die Wange und strahlte sie an. Ich hoffe, ich habe ihnen geholfen, auch wenn ich ihnen keine Geschichte geschrieben habe.

In den letzten Monaten ist so viel Ruhe in ihre Augen gekommen, ich denke, sie ist auf einem exzellenten Weg und sollte einfach genau das machen, was sie machen will, ohne jegliche Diskussion.

Die Künstlerin neben mir

"Würdest du mir auch eine Geschichte schreiben?", fragte mich die Künstlerin am Nebenstand. "Aber natürlich", antwortete ich. Wir warteten auf einen ruhigen Moment, gerade waren sehr viele Menschen auf dem Markt, potenzielle Käufer. Ihre Bilder sind wunderschön, doch sie schien sie nicht als Kunst anzuerkennen. Ihre Schultern waren nach vorne gebeugt, mit ihrer Haltung machte sie sich kleiner als sie ist. Ihre Stimme war ganz leise und ihre Augen sehr unsicher. Als es zu einem ruhigen Moment kam, setze sie sich vor mich hin, ich blickte ihr tief in die Augen und tauchte ein.

Die Geschichte von einem verhangenen Spiegel. Sie sieht sich nicht als das, was sie ist. Muss immer einstecken, neben auffälligen Geschwistern oder Eltern, es ist schwierig auszumachen, wer ihr ständig das Rampenlicht stiehlt. Doch sie musste immer weichen. Wird zur Seite geschoben und dann wieder herangezogen, wenn man sie braucht. Ein ewiges hin und her. Darf keine Grenzen setzen, ständig am

Reagieren auf ihr Umfeld, bekommt keine Privatsphäre, bekommt kein Lob, keine Unterstützung. Dabei ist da so viel Kraft in ihr drin, so viel Stärke. Sie könnte die gesamte Welt auf ihren Schultern tragen, doch sie sieht sich nicht durch ehrliche Augen, sie sieht sich durch einen verhangenen Spiegel.

Mein Kuli klickt: Ich glaube, du bist ein Mensch der, nicht weiß wie stark sie eigentlich ist. Du siehst nicht mal ein Prozent deiner Stärke und wirst ausgenutzt. Du siehst dich nicht für wer du bist, da ist Angst in deinen Augen, dabei bist du unheimlich mutig. Trau dich deine Kunst zu zeigen, trau dich zu zeigen, wer du bist.

Ich riss das Papier ab und faltete es dreimal, anstatt 2.50 lud sie mich auf einen Kaffee ein. Wir aßen gemeinsam Kekse und sie zog an meinem Joint. Als sie einen Moment Ruhe hatte, las sie sich die Geschichte durch. "Du hast echt recht, hey", sagte sie. "Ich merke gar nicht wie toll ich eigentlich bin." Ich nickte ihr zu. "Es ist schwer, weil ich bin in einer turbulenten Familie aufgewachsen, da musste man oft einstecken." erläuterte sie. Ich schaute mir ihre Kunstwerke an. Sie sind so schön, verschiedenen

Stoffe eingearbeitet; Glitzer, Acryl, Glas. Im Verlauf des Gesprächs erfuhr ich, dass sie Lehrerin ist und verheiratet und, dass ihr Mann ganz arg nett ist. Dass, sie sich wie gesucht und gefunden haben. Sie ist sehr spirituell und er auch, sie liebt ihn über alles.

Wir sind bis heute gute Freunde und jedes Mal, wenn ich sie sehe, ist sie etwas selbstbewusster. Immer mal wieder schreibt sie mir, wenn sie einen seltsamen Traum hatte und ich deute ihr den Traum. Sie gibt mir wertvolle Tipps zu spirituell weltlichen Dingen und wir tauschen uns gerne darüber aus, wie viel schöner das Leben ist, wenn man sich der Kunst verspricht. Gerade überlegt sie auf Abenteuer zu gehen, doch ich glaube, das wird sie nicht machen. Ihre Augen dürsten nicht nach Abenteuer, sie dürsten danach gesehen zu werden, sesshaft zu sein. In den letzten Monaten ist so viel Ruhe in ihre Augen gekommen, ich denke, sie ist auf einem exzellenten Weg und sollte einfach genau das machen, was sie machen will, ohne jegliche Diskussion.

Wenn man sich mal fragen sollte, ob man ein Problem hat, ist die Antwort wahrscheinlich ja…

Der einsame Schwabe

Seit 20 Minuten redete er ohne Punkt und Komma auf mich ein. Ich nickte regelmäßig, vermutlich hört man ihm nicht sonderlich oft zu. Was in direkter Verbindung damit stehen könnte, dass er einfach nicht aufhört zu reden. "Darf ich Ihnen eine Geschichte aus ihren Augen schreiben?" unterbrach ich ihn. Da wurde er ganz still, nickte und setzte sich hin. Ich schaute tief in seine Augen und tauchte in seine Seele ein.

Alkohol ist ein großes Thema für ihn. Da ist ein Loch in seinem Herzen, dass sich nicht füllen lässt. Verlust, Einsamkeit und Schmerz. Benötigt Linderung, doch keine Heilung scheint stark genug. Das Leben gibt ihm gerne einen heftigen linken Haken, er fand Antwort in der Gesellschaft der Kneipen, bei den Rauchern, Parolen brüllenden Pub Schwänzern. Findet Sicherheit darin, dass er als Mann mehr wert sein soll. Darf nicht ehrlich sein. Wenn er ehrlich ist, dreht man ihm den Rücken zu, zumindest denkt er das. Hat Angst, dass wenn er nicht mehr trinkt, ihn seine Freunde verlassen. Zitternde Hände und ein schmerzender Bauch. Spürt den Tod näher kommen.

Mein Kuli klickte, ich schrieb drauflos: Ich glaube du bist ein Mensch, dem die Sucht das Leben zerstörte. Du kannst aufhören, du kannst dich ändern. Hab keine Angst loszulassen was dich aufhält. Wenn du Platz schaffst für Liebe wird sie kommen, aktuell hat sie keinen Platz in deinem Leben. Wenn du morgens deinen Kopf vom Bar Tresen wischt, fühlst du den Tod. Nimm die Schultern zurück, geh kalt duschen, zieh dir was Frisches an und ändere dein Leben. Du bist nicht alleine.

"Was für ein Keks darf es sein?", fragte ich als ich fertig geschrieben hatte, ich faltete das Papier dreimal und reichte es ihm. "Ich darf keine Kekse essen, weil ich habe Probleme mit dem Zucker, es ist noch kein Diabetes aber in einer Vorstufe, ich wollte deshalb schon etwas machen, aber jetzt esse ich einfach keine Kekse und keinen Zucker mehr, das funktioniert eher so mäßig, ich messe hin und wieder mal meinen Blutzucker und dann ist er immer so an der oberen Grenze aber Bier hat halt auch viel Zucker und deshalb esse ich keine Kekse, weil dann kann ich das Bier trinken, das Leben ist eine Waage nicht? Aber ich denke" Ich unterbrach ihn. "Es tut mir leid, ich kann mich nicht weiter mit ihnen unterhalten. Lesen Sie die Geschichte sie bringt ihnen Glück." Wir verabschiedeten uns. Aus dem Augenwinkel konnte ich beobachten wie er die Geschichte las, mit einem vollen Bierglas vor sich. Er las und las, dann ließ er sein Bier auf dem Tisch stehen und verschwand.

Auch ihn sah ich nie wieder, doch ich frage mich regelmäßig, ob er noch trinkt. Alkohol ist eine gefährliche Sucht, denn sie ist gesellschaftlich akzeptiert, wird an manchen Stellen sogar gefördert. Ich wünschte, die Menschen würden den Alkohol nicht so sehr unterschätzen. Wenn man sich mal fragen sollte, ob man ein Problem hat, ist die Antwort wahrscheinlich ja und wenn man sich in seinem Kopf für sein Verhalten rechtfertigt, kann man sich sicher sein, dass man sich so nicht verhalten möchte.

Sie sieht sich jetzt selbst und das ist genug.

Das gebrochene Herz

Vorsichtig, mit ängstlichen Augen kam sie zu mir rüber. Es war gerade wenig los auf dem Markt, sie kommt von dem Stand zwei Stände weiter. Leise sprach sie mich an. Sie hörte Gerüchte, dass ich Geschichten aus den Augen schreiben würde und ob das denn stimmt. "Ja, genau", sagte ich stolz. Sie zog ihre Schultern hoch und machte sich noch kleiner als sie schon war. Ihr Gesicht hatte etwas von dem Gesicht einer Maus. Wunderschön, doch sehr ängstlich. "Möchtest du eine?" Fragte ich. Sie nickte. "Setz dich doch und such dir schonmal einen Keks aus während ich schreibe." Ich blickte ihr in die Augen.

Verlorene Liebe. Sie gibt sich regelmäßig auf. Ein Kind das ständig kämpfen musste um Liebe, sie war nie bedingungslos. Alleine, muss sich verbiegen damit sie geliebt wird, darf nicht sein. Lernt sich anzupassen und ihre Meinung zu verschleiern, es besser nicht zu sagen. Lernt sich durchzusetzen, indem sie Menschen manipuliert. Denn wer sich zeigt, wird angegriffen und ihr fehlt Mut. Ein großer starker Mann, der sie schützt, glaubt an Superhelden. Lernt, dass sie im Schatten eines Mannes sicher ist und versucht nie wieder zu scheinen. Macht sich abhängig von Männern und ihrer Aufmerksamkeit. Alles scheint sich nur noch um Männer zu drehen, sie versinkt langsam. Doch nun eine Chance in ihrer Kunst, traut sich nicht so richtig, will sich lieber wieder in seine Arme legen, das war leichter. Doch das würde sie ihr gesamtes Leben kosten.

Mein Kuli klickte, ich schrieb: Ich glaube du bist ein Mensch, der vor einer wichtigen Entscheidung steht. Liebe ist nicht dein gesamtes Leben wert. Für echte Liebe musst du nichts aufgeben. Echte Liebe beschenkt dich. Fange an nach Liebe in dir zu suchen und hör auf dich abhängig zu machen. Deine Kunst braucht Mut. Ohne Mut, ohne Fleiß, ohne Herzblut ist die Kunst langweilig und eintönig. Trau dich! Du hast etwas zu sagen und das ist wunderschön.

Ich faltete das Papier dreimal und gab es ihr, sie wählte den Salted Caramel Keks aus. "Darf ich dir als Austausch die Karten legen?", fragte sie mich. "Gerne." Wir gingen zu ihr an den Stand. Ich wählte das Thema Liebe aus.

"Oh", sagte sie, nachdem sie mein Kartenbild gelegt hatte. "Du hast nicht sonderlich viel Glück in der Liebe. Es ist sehr oft turbulent und unehrlich. Da kommt etwas sehr Aufregendes. Erwarte nicht zu viel, es wird dir dein Herz brechen. Bleib geduldig, an deinem Horizont ist jemand, der dich beobachtet und nicht aus den Augen lässt. Du wirst nicht alleine sterben, keine Sorge."

Sie hatte recht, es kam genau so. Mir wurde mein Herz in tausend Teile gebrochen. Doch dann lernte ich jemand ganz Tolles kennen. Auch wenn ich jetzt noch nicht mit Sicherheit sagen kann, ob ich alleine sterben werde, weiß ich, dass ich jemanden gefunden habe, den ich für immer in größter Liebe in meinem Herzen habe. Was sie angeht, weiß ich, dass sie in ihrer Kunst etwas mutiger geworden ist. Sie hatte den großen Durchbruch noch nicht, doch das braucht sie gar nicht. Sie sieht sich jetzt selbst und das ist genug.

Meine Geschichte löste einen Dominoeffekt in ihm aus und dafür ist er mir sehr dankbar.

Der junge Kollege

Ich erkannte ihn sofort. Ein Kollege aus dem Rettungsdienst. Ich arbeitete damals in der Notaufnahme, seine Augen waren mir sehr bekannt. Ich strahlte ihn an als er an meinen Stand kam. Hinter ihm ein hübscher Junge, sie sind offensichtlich zusammen, doch wollen das nicht zeigen. "Hey, wir kennen uns, oder?", sagte er. Ich erklärte ihm von unserer gemeinsamen Verbindung aus dem Rettungsdienst und schwang direkt einen Bogen dazu was ich auf dem Kunstmarkt mache. Die Geschichte aus den Augen weckten sofort sein Interesse. "Ist da eine Geschichte in meinen Augen?", fragte er mich. "Ja." Er setzte sich hin, gespannt blickte er mich an. Ich schaute nochmal tief in seine Seele.

Ganz junge Augen, ein kleiner Junge in seinen Augen. Darf nicht so sein wie es ist. Ein kleiner Junge, der gerne malt, er schminkt sich gerne und posiert vor dem Spiegel. Seine Eltern stört das zwar nicht, doch die Gesellschaft sehr. Bekommt Angst vor der breiten Masse. Wird nicht erwachsen, versteckt den Jungen in sich und opfert sich auf für andere. Sein Herz ist voller Scham. Doch so langsam wacht er auf, eine Raupe die sich aus ihrem Kokon schält. Langsam und ganz vorsichtig.

Mein Kuli klickte, ich schrieb: Ich glaube du bist ein Mensch, der auf einem richtig gutem Weg ist. Du darfst dich gerne noch mehr trauen. Bemerke, dass du ein Schmetterling bist, keine Raupe. Du bist erwachsen und du bist wunderschön, lass es die Welt wissen. Sie kann dir nichts antun. Du musst dich nicht dafür schämen, wer du bist, sie sind das Problem, mit dir ist alles ganz wunderbar.

Ich faltete das Papier dreimal und gab es ihm. "Soll ich es gleich lesen?", fragte er mich. "Du darfst das so machen, wie du das willst." Beide bekamen einen Keks. Sein Freund wollte keine Geschichte, ich war ihm etwas unheimlich. Sie schlenderten weiter über den Markt, sein Freund schaute immer wieder zu mir rüber. Er wollte unbedingt eine Geschichte, doch er hatte Angst. Dabei konnte ich ihm leider nicht helfen.

Mein Kollege las die Geschichte als sein Freund auf Toilette war, aus dem Augenwinkel konnte ich beobachten wie er sich eine Träne aus dem Auge wischte. Er lief zu mir rüber. "Danke, danke, das ist so wunderschön. Vielen Dank!", sagte er. Als sein Freund zurückkam, nahm er stolz seine Hand. Fröhlich schlendernd und Hand in Hand liefen sie in Richtung Innenstadt. Das fühlte sich wie ein echter Erfolg für mich an. Jemanden aus meiner Community zu helfen, ist doch nun wirklich was Besonderes.

Wir trafen uns in der Notaufnahme nochmal. Seine Augen waren ganz anders. Voller Neugier und Energie. Da war ein Funken an Festigkeit und Sicherheit dazu gekommen. Ich nahm ihn zur Seite und sagte ihm, dass ich stolz auf ihn bin. Er wurde ganz rot und erzählte mir, dass er sich jetzt nicht mehr versteckt. Meine Geschichte löste einen Dominoeffekt in ihm aus und dafür ist er mir sehr dankbar.

Einen Krieg zu beenden ist nicht leicht, es involviert die ehrliche Meinung beider Parteien, ein sehr langes klärendes Gespräch und eine sehr feste Umarmung und sehr, sehr viel Mut.

Die geheimnisvolle Frau

Sie sagte kein Wort. Sie zeigte lediglich auf mein Schild mit der Geschichte und setzte sich hin. Ich lächelte und wunderte mich, warum sie nicht mit mir sprach. Ein Blick in ihre Augen, dann wurde es mir klar.

Skepsis, sie vertraut mir nicht. Ein kleines Mädchen, das oft angelogen wird. Immer und immer wieder, man ist nicht ehrlich zu ihr. Wann auch immer sie etwas fragt, wird sie angelogen. Das bemerkt sie für eine lange Zeit nicht, doch wo es ihr klar wird, zieht es ihr den Boden unter den Füßen weg. Trennt sich von ihrer Familie, spricht nicht mehr mit ihnen. Zieht in ein anderes Land, so weit weg wie sie nur kann. Vertraut nicht, vertraut niemandem. Findet keine Liebe, kann sich nicht entspannen. Ist unheimlich gestresst, kann keine Arbeit abgeben. Ein Bild von einem Menschen, der bis nachts um drei am Schreibtisch sitzt und arbeitet, anstatt ein kleines bisschen Arbeit abzugeben. Hat Freunde, doch testet sie regelmäßig. Vergrault Menschen mit ihrem Misstrauen.

Doch da ist ein Freund oder eine Liebe neu in ihr Leben gekommen. Er will sich beweisen, doch sie gibt ihm keine Chance. Nicht weil sie die Gefühle nicht teilt, sondern weil sie Angst hat, es könnte ein Muster sein, dass sich wiederholt.

Mein Kuli klickte, ich lächelte sie nochmal an, dann schrieb ich los: Ich glaube du bist ein Mensch, der sehr viel kämpfen musste. Man hat dich oft angelogen, du musstest jung lernen, was die Wahrheit ist und das brach dir dein Herz. Jetzt verbringst du dein Leben im Schutz Modus. Lässt niemanden an dich ran. Doch deine Mauern beschützen dich nicht, sie engen dich ein. Du willst fliegen, trau dich. Hab keine Angst zu fallen. Du hast dich schonmal vom Boden wieder auf gekämpft, du wirst es nochmal schaffen. Ich glaube an dich.

Ich faltete das Papier dreimal und fragte sie, welchen Keks sie möchte. Sie wählte den Pan di Stelle und las die Geschichte während sie den Keks aß. "Woher weißt du das alles?", fragte sie mich. "Ich lese es in deinen Augen." "Du glaubst wirklich, ich muss keine Angst haben?" Hoffnungsvoll blickte sie mich an. "Ich weiß es sogar. Angst schützt uns nicht vor Schaden.

Mensch sein heißt verletzt zu werden und lieben, heißt mutig zu sein." erkläre ich ihr. Wir unterhielten uns noch für eine Weile. Sie erzählte mir so viel von ihrer Vergangenheit wie sie konnte und ich hörte gespannt und aufmerksam zu.

Wir sahen uns nie wieder, doch ich hoffe, sie hat die große Liebe gefunden. Ich hoffe auch, dass sie ihrer Familie verzeihen konnte. Auch wenn sie schrecklich zu ihr waren, sie möchte ihnen verzeihen, sie vermisst sie. Es hilft nicht, jahrelang in Hass zu leben. Einen Krieg zu beenden ist nicht leicht, es involviert die ehrliche Meinung beider Parteien, ein langes klärendes Gespräch, eine feste Umarmung und sehr, sehr viel Mut.

Doch ein weiteres Geheimnis über das Leben ist, dass egal wie sehr wir es versuchen, wir können es nicht kontrollieren.

Die verlorene Studentin

Aufmerksam scannte sie meinen Stand und schaute meine Kunst an. Sie zeigte auf das Schild auf dem ich von den Geschichten aus den Augen berichtete. "Sie hat ganz intensive Augen", sagte sie zu ihren Freunden. "Willst du eine Geschichte?", antwortete ich. Sie nickte und setzte sich hin. Ein tiefer Blick in ihre Seele.

Oje, was ist denn hier passiert? Sie hat sich völlig verloren, weiß nicht, wohin mit ihr. Steht im Labyrinth und taumelt von rechts nach links. Versteht nicht, was sie falsch macht, gibt sich die größte Mühe. Will nicht mehr studieren oder zumindest etwas anderes studieren, weiß nicht, was sie machen soll. Redet nicht gerne über ihr Innenleben, hält es versteckt. Da ist eine Quelle an Licht hinter ihr, dort liegt die Antwort. Das ist ihre Vergangenheit. Aus irgendeinem Grund möchte sie, sie nicht sehen. Verschließt sich vor ihr. Denkt ihre Vergangenheit jagt sie, dabei will sie ihr nur etwas sagen.

Mein Kuli klickte, ich schrieb: Ich glaube du bist ein Mensch, der Angst vor der Vergangenheit hat, doch die Antwort für deine Zukunft, liegt in deiner Vergangenheit. Dreh dich um und schaue in sie herein. Ich weiß, du hast Angst vor ihr, doch du bist verloren. Weißt nicht, wohin mit dir. Da ist eine Antwort, du suchst in der falschen Richtung nach ihr. Nimm dir Ruhe und einen Moment der Auszeit, hör auf dich ständig abzulenken und die Antwort wird zu dir kommen.

Ich faltete das Papier dreimal und gab es ihr. Sie bekamen alle einen Keks. Sie wollte es erst nachher lesen, wenn sie alleine zu Hause ist. Gemeinsam aßen wir Kekse, rauchten und redeten. "Bist du ein Medium?", fragte mich eine. Ich nickte. "Cool", bemerkte einer. "Woher kennst du die Geschichten?" "Die Menschen verstecken ihre tiefsten Geheimnisse direkt hinter ihren Augen. Eigentlich wollen wir, dass uns jemand sieht. Die Welt so wie sie gerade ist, lehrt uns, dass es besser ist unser wahres Selbst zu verstecken, deshalb haben wir Angst gesehen zu werden. Doch weißt du, ich glaube, jeder Mensch ist ein Medium. Ich bin nichts Besonderes, jeder könnte die anderen Menschen so sehen wie ich, doch sie haben Angst selber gesehen zu werden." Die Runde nickte, sie blieben noch etwas und unterhielten sich mit mir.

Wir sahen uns nie wieder, doch ich hoffe, sie hat sich getraut in ihre Vergangenheit einzutauchen. Es ist eine schwierige Sache mit unserer Vergangenheit. Die meisten Menschen werden von ihr durchs Leben gejagt. Sie geben ihr mehr Macht als ihrer Gegenwart. Leihen sich Frust, Trauer, Hass und Rache aus der Vergangenheit und sehen die Zukunft nicht mehr. Doch leben wir zu sehr in der Vergangenheit, vertrauen wir unserer Zukunft nicht mehr. Wir denken, es würde alles immer schiefgehen, egal was wir tun. Rennen wir vor der Vergangenheit weg, können wir nicht mehr aus ihr lernen. Unsere Zukunft verschwindet im Rauch. In beiden Fällen beginnen wir, zu versuchen die Gegenwart zu kontrollieren. Doch ein weiteres Geheimnis über das Leben ist, dass egal wie sehr wir es versuchen, wir können es nicht kontrollieren.

Ich lerne bis heute, jeden Tag.

Der junge Mann

"Hey, kann ich dich um was bitten?", fragte mich die Künstlerin am Stand neben wir, wir waren gerade am Abbauen. "Ja klar." "Mein Mann kommt gleich und ich habe ihm von deinen Geschichten erzählt. Kannst du ihm auch eine schreiben?", fragte sie mich. "Mega gerne!" "Ich gebe dir im Austausch das blaue Bild, was du so gerne magst. Aber wirklich nur, wenn es dir nichts ausmacht!" Natürlich machte es mir nichts aus, ich freute mich, dass meine kleinen Geschichten gut angekommen sind. Als ihr Mann ankam, sah ich direkt den kleinen Jungen in seinen Augen. Noch nie war es so offensichtlich bei jemandem, ganz schutzlos, er versteckt seine Seele nicht, wie ein Kind. Wir unterhielten uns kurz, er fragte mich wie ich das mache und ich erklärte ihm, dass die Menschen ihre Geheimnisse hinter ihren Augen verstecken. Er fragte mich, ob ich eine Hexe bin, ich lachte und sagte ja. Dann blickte ich tiefer in seine Seele.

Ein kleiner Junge, der eigentlich sehr glücklich aufwächst. Sehr geliebt, sehr beschützt. Doch da ist etwas in seiner Vergangenheit, dass ihn bis heute nicht erwachsen werden lässt. Ein kleiner Junge, der gerne spielt, doch der Erwachsene verbietet ihm das Spielen. Reflektiert den Wunsch zu spielen es auf Feiern und Party. Gesteht sich nicht ein, dass er seine Kindheit vermisst. Möchte erwachsen und stark sein, doch ist ganz sensibel und liebevoll. Möchte sich ständig ändern und schämt sich für sein eigenes Selbst.

Mein Kuli klickte, ich schrieb: Ich glaube, du bist ein Mensch, der sich nicht eingestehen will, wer er ist. Da ist ein kleiner Junge in deinen Augen, lerne ihn zu schätzen. Deine Sensibilität ist eine Gabe, kein Fluch. Du fühlst tiefer als andere Menschen, das ist wunderschön. Du bist ein Dreieck, hör auf dich zum Kreis zu machen.

Ich faltete das Papier dreimal und reichte es ihm. "Das war`s?", fragte er mich. Ich nickte und ging rein um mir noch etwas zu trinken zu holen und um den beiden einen Moment alleine zu lassen, um die Geschichte zu lesen. "Du hast echt recht", sagte sie als ich wieder herauskam. "Er hat kommt auch mit Kindern so gut klar, er ist ein kleiner Junge, doch will sich ständig zum erwachsen werden zwingen." Er zuckte mit den Schultern und mied meinen Blick. "Wir schämen uns oft für die Dinge am meisten, die uns am besten beschreiben. Du hast eine Gabe, genieße es", sagte ich zu ihm.

Wir drei waren letztens zusammen mit den Hunden draußen. Er ist viel selbstbewusster geworden. Sein Stolz verbietet ihm das Spielen bis heute und wir können uns immer noch nicht in die Augen schauen, doch er ist auf einem sehr guten Weg.

Ich verstehe es selber nicht so ganz woher ich das alles weiß und wie ich in die Menschen hereinschauen kann. Oft ist es simple Fakten-Lesung, wie Sherlock Holmes. Doch wenn ich ehrlich sein darf, mein liebstes lesendes Wesen, ist es mir egal. Solange ich was schreiben kann, was gelesen wird, bin ich glücklich. Eines Abends setzte ich mich mal vor den Spiegel und schrieb mir selbst eine Geschichte aus meinen Augen. "Ich glaube, du bist ein Mensch, der sich aus Selbstschutz unterschätzt" schrieb ich. Und so nahm ich meine Schultern zurück und lernte von meiner eigenen Größe. Ich lerne bis heute, jeden Tag.

CHIARA RICCIOTTI

Die Autor:in Chiara Ricciotti veröffenlicht gemeinsam mit den unfortunate Events of Chiara das erste Buch der Reihe der unglücklichen Ereignisse (Missgeschicke) auf Deutsch und auf Englisch, sowie einer Gedichte Sammlung aus den dunklen Seiten ihrer Seele. Außerdem widmet sie sich der Zeichnung von Comics, Acryl Werken und schreibt einmal wöchentlich auf ihrer Webseite eine Kolumne über ihr chaotisches Leben.

Die Kunst der Künstlerin richtet sich hierbei nach den Regeln des Punks und damit nach keiner. Frei aus ihrem Herzen schreibt sie Geschichten und nimmt dabei kein Blatt vor dem Mund. Sie hat eine Art durch die Augen Menschen hindurch zu schauen. Chiara Ricciotti liest die Menschen wie ein offenes Buch. Sie ist ein Medium zwischen den tiefsten Gedanken der Menschen und einem Blatt Papier.

FSC
www.fsc.org
MIX
Papier | Fördert gute Waldnutzung
FSC® C083411